ESCHBACHER GESCHENKBÜCHER

Der zappelnde Nichtstuer

Da erzählen sich die Leute immer so viel von Organisation (sprich vor lauter Eile: „Orrnisation“). Ich finde es gar nicht so wunderherrlich mit der Orrnisation.

Mir erscheint vielmehr für dieses Gemache bezeichnend, dass die meisten Menschen stets zweierlei Dinge zu gleicher Zeit tun. Wenn einer mit einem spricht, unterschreibt er dabei Briefe. Wenn er Briefe unterschreibt, telefoniert er. Während er telefoniert, dirigiert er mit dem linken Fuß einen Sprit-Konzern (anders sind diese Direktiven auch nicht zu erklären). Jeder hat vierundfünfzig Ämter. „Sie glauben nicht, was ich alles zu tun habe!“ – Ich glaubs auch nicht. Weil das, was sie da formell verrichten, kein Mensch wirklich tun kann. Es ist alles Fassade und dummes Zeug und eine Art Lebensspiel, so wie Kinder Kaufmannsladen spielen. Sie baden in den Formen der Technik, es macht ihnen einen Heidenspaß, das alles zu sagen; zu bedeuten hat es wenig. Sie lassen das Wort ‚betriebstechnisch‘ auf der Zunge zergehn, wie ihre Großeltern das Wort ‚Nachtigall‘. Die paar vernünftigen Leute, die in Ruhe eine Sache nach der anderen erledigen, immer nur eine zur gleichen Zeit, haben viel Erfolg. Wie ich gelesen habe, wird das vor allem in Amerika so gemacht. Bei uns haben sie einen neuen Typus erfunden: den zappelnden Nichtstuer.

Kurt Tucholsky

Max Feigenwinter

Lass dir Zeit

Eine Einladung zum Verweilen

Mit Fotos von Toni und Ulrike Schneiders

Eschbach

Unsere Zeit

Vielen Menschen fällt es schwer, sich auf den neuen Tag einzustellen. Vieles belastet, bedrückt sie. Sie haben sich in der Nacht nicht entspannen, nicht ausruhen und erholen können. Vielleicht werden sie festgehalten oder sie halten selber fest. Sie haben sich zu vieles aufgeladen, haben zu viele Termine, zu viele Verpflichtungen, zu viele Aufgaben. In solchen Momenten müssen sie lernen, sich Zeit zu lassen.

Dann und wann anhalten,
stehen bleiben,
mich hinsetzen,
zurückschauen,
voraussehen,
in mich hineinhören
und schauen,
ob ich auf dem richtigen Weg bin.

Warum laden wir uns soviel auf, warum sagen wir nicht nein? Haben wir möglicherweise Angst, still zu werden? Beschäftigen wir uns so sehr, weil wir manchem, das in der Tiefe unseres Herzens liegt, ausweichen wollen oder müssen?
Jeder Tag ist ein Tag, der mir geschenkt ist; ein Tag, der niemals wiederkehrt; ein Tag, den ich gestalten kann.

Erich Fried kennt den Seufzer aus dem Munde so vieler:

Da habe ich einen gehört
wie er seufzte: „Du liebe Zeit!“

Was heißt da „Du liebe Zeit“?
„Du unliebe Zeit“, muss es heißen

„Du ungeliebte Zeit!“
von dieser Unzeit, in der wir

leben müssen. Und doch
Sie ist unsere einzige Zeit

Unsere Lebenszeit
Und wenn wir das Leben lieben

können wir nicht ganz lieblos
gegen diese unsere Zeit sein

Wir müssen sie ja nicht genau so
lassen, wie sie uns traf

Vielleicht können wir tatsächlich all das Belastende ansehen; gleichzeitig aber auch sehen, dass es Schönes, Erfreuliches, Beglückendes gibt; glauben, dass wir aus diesem Tag einen guten Tag machen können.
Es ist unsere Zeit. Wir dürfen sie uns nicht nehmen lassen. Wir selbst haben zu verantworten, was mit ihr geschieht.

Diesen Tag bei mir anfangen,
meine Gedanken und Gefühle zulassen,
mich selbst annehmen.

Ruhig werden,
meine Mitte finden,
mich empfinden.

Mir meiner Möglichkeiten und Stärken,
meiner Mängel und Schwächen
bewusst werden.

Sehen,
was auf mich zukommt,
mich einrichten und einstellen,
diesen Tag ganz erleben.

Immer schneller und trotzdem keine Zeit

Viele Leute haben nie Zeit. Sie sagen, das Leben sei kurz, und bedauern, dass alles so schnell vorbeigeht. Ist das Leben kurz? Wie lange ist kurz? Kann es nicht lang und trotzdem leer, kurz und trotzdem wertvoll sein?
Wir haben Zeit: 24 Stunden jeden Tag. Trotzdem sagen Eltern zu ihren Kindern: „Ich habe keine Zeit.“ Sie haben keine Zeit zum Spielen, keine Zeit für den Partner, keine Zeit für Kollegen.
Ehrlicher wäre es zu sagen: „Ich nehme mir keine Zeit.“ Das tönt härter, ist aber wahrer. Es heißt: „Anderes ist mir wichtiger.“ Was geht in einem Kind vor, das immer wieder erleben muss, dass seine Eltern für alles mögliche und unmögliche Zeit haben, es selbst aber immer warten muss? Wie soll ein Kind an seine Werte glauben, wenn dies geschieht?
Manche Partnerschaft gerät in große Krisen, weil sich ein oder beide Partner zuwenig Zeit nehmen für das Gespräch:

Wir sprechen nicht mehr über das,
was uns wirklich berührt;
wir zeigen einander nicht mehr,
was uns zutiefst beschäftigt;
wir haben es verlernt,
einander zärtlich zu begegnen;
wir hüten uns
offen und ehrlich zu sein;
wir meiden es,
Konflikte auszutragen;
wir erfahren immer öfters,
dass wir einander nicht mehr verstehen;
wir merken immer mehr,
dass gemeinsame Zeit leere Zeit ist;
wir spüren,
dass unsere Liebe schwindet.
Das Wasser steht uns bis zum Hals,
doch wir wehren uns nicht.

Wir erfahren es täglich neu: Wir leben in einer hektischen Zeit, merken aber zu spät, wieviel wir selbst zu dieser Hektik beitragen. Wir lassen es zu, dass sich Termin an Termin reiht und wir keine freie Zeit mehr haben. Es liegt an uns. Wir müssen uns Zeit nehmen, damit wir nicht Gefangene der Zeit werden.

Jetzt ist es Zeit,
ich will ruhig werden,
trotz Lärm und Hast;
auf mich selbst hören,
trotz aller Ratschläge und Vorschriften;
mich selbst sehen,
trotz aller Leitbilder;
mich neu wahrnehmen,
trotz aller Enttäuschungen;

mich ganz annehmen,
trotz aller Zweifel;
zu mir stehen,
trotz aller Verführungen;
meinen Weg gehen,
trotz aller Vorschläge;
auf die Stimme meines Herzens hören,
ja sagen zum Leben.
Jetzt ist es Zeit.

Wir müssen und können entscheiden, wofür wir unsere Zeit einsetzen. Sie ist begrenzt und kostbar. Jeder Augenblick birgt in sich die Möglichkeit, unser Leben zu verbessern. Wir dürfen es uns nicht zu einfach machen, die Verantwortung für dieses kostbare Gut nicht abgeben. Es liegt an uns, diesem Tag Sinn zu geben. Er ist uns aufgegeben, er ist uns geschenkt:

Dieser Tag –
ein Weg, den ich gehen,
ein Auftrag, den ich annehmen,
eine Aufgabe, die ich lösen,
eine Frage, die ich beantworten,
ein Geheimnis, das ich bewahren,
eine Geschichte, die ich schreiben,
ein Wunsch, den ich erfüllen will.

Dieser Tag –
ein Geschenk,
für das ich dankbar bin.

Weil viele Leute dauernd zuwenig Zeit haben, muss alles immer schneller gehen. Wir hetzen und lassen uns hetzen. Wir setzen alles daran, ja keine Zeit zu verlieren, denn Zeit ist Geld.

Je schneller, desto besser. In wenigen Stunden sind wir in einem andern Erdteil. Während die einen zu Fuß einkaufen gehen, fliegen andere nach London zu einem Einkaufsbummel. Informationen werden per E-Mail übermittelt, man muss möglichst schnell antworten, damit das Geschäft rasch abgewickelt werden kann. Wirtschaftsfachleute fordern, dass in immer weniger Zeit immer mehr produziert wird, um der Konkurrenz standhalten zu können.

Von den Angestellten wird immer mehr verlangt. Manche müssen auch zu Hause arbeiten; zum Leidwesen des Partners oder der Partnerin und der Kinder, die sich so sehr auf die Zeit mit ihrem Vater oder ihrer Mutter gefreut haben.

Wenn genügend Druck besteht, hält die Firma der Konkurrenz eine Zeitlang stand; doch die Angestellten halten es nicht aus. Wer nicht mehr mag, wird ersetzt; neue, jüngere Arbeitskräfte stehen bereit.

Die Hektik am Arbeitsplatz pflanzt sich in die Freizeit fort. Wir kommen nicht zur Ruhe, die Freizeit wird zum Stress. Wir müssen scheinbar so viele Dinge tun, um

dazu zu gehören. Und wenn wir fernsehen, schalten wir von einem Kanal zum andern, um ja nichts zu verpassen. So übersehen wir uns selbst. Zu spät merken wir, dass dies keine Erholung ist.
Goethe hat im Alter von 76 Jahren in einem Brief geschrieben: „Reichtum und Schnelligkeit ist, was die Welt bewundert und wonach sie strebt. Eisenbahnen, Schnellposten, Dampfschiffe und alle möglichen Facilitäten der Communication sind es, worauf die gebildete Welt ausgeht, sich zu überbilden und dadurch in der Mittelmäßigkeit zu verharren."

Ich verschlinge mein Essen,
überfliege meine Arbeit,
kann nur wenige Minuten bleiben
und nur einen Augenblick zuhören.
Ich eile zur nächsten Besprechung,
fordere Knappheit und Kürze,
verabschiede mich schnell,
eile nach Hause,
erledige einige Telefonate,
plane, während ich zuhöre,
und verliere mich selbst.
Was mache ich nun
mit der gewonnenen Zeit?

Viele merken nicht, dass sie sich zuviel zumuten, dass sie „zu schnell leben". Erst, wenn der Körper versagt, wenn sie ruhen müssen, wird ihnen bewusst, dass sie nicht wirklich gelebt, sondern lediglich funktioniert haben. Jetzt verstehen sie, was Max Frisch mit „Verdünnter Zeit" meint. Jetzt gelingt es ihnen vielleicht von neuem, wirklich zu erleben, statt nur hastig tätig zu sein. Jetzt wird vielleicht bewusst, dass Erfahrungen, die allzu schnell gemacht werden, oberflächliche Erfahrungen sind und fehlerhaftes Verhalten fördern. Es lohnt sich, dies immer wieder zu üben:

Dann und wann
das Tempo verlangsamen,
anhalten,
ruhig wahrnehmen, was um uns ist,
was uns schützt, bedroht, erfreut,
fordert, fördert;
uns neu einstellen und ausrichten.

Dann und wann
das Tempo verlangsamen,
anhalten,
sich hinsetzen und setzen lassen,
was sich in uns bewegt.

Dann und wann
das Tempo verlangsamen,
anhalten,
aus unserer Tiefe Bilder aufsteigen lassen,
dankbar sein und sehen,
was sie uns zeigen wollen,
wohin sie uns weisen.

Wir können uns entscheiden,
diesen Tag so leben,
dass er uns entspricht,
dass er ein guter Tag wird,
dass wir uns an ihm freuen,
dass sich andere an ihm freuen,
dass er eine Perle wird
in der Reihe der Tage,
die uns geschenkt sind.

Der richtige Zeitpunkt

Es war eben nicht der richtige Zeitpunkt. Jetzt kannst du das von ihm nicht verlangen. Er ist jetzt nicht dafür zu haben. Das geht jetzt nicht." Immer wieder können wir solche Äußerungen hören. Auch selbst haben wir schon das eine oder andere so gesagt.
Bei Kohelet / Der Prediger Salomo im Alten Testament steht: „Alles hat seine Stunde. Für jedes Geschehen unter dem Himmel gibt es eine bestimmte Zeit." (Koh 3)
Tatsächlich, alles hat seine Zeit. Wichtig ist, dass wir spüren, wofür es jetzt Zeit ist, und allem den nötigen Raum geben; dass wir annehmen, was auf uns zukommt; dass wir uns Zeit nehmen für das, was ist. Nur wenn wir annehmen, können wir auch etwas verändern. Es fällt oft schwer, auch das anzunehmen, was uns nicht gefällt. Und doch wissen wir: Wichtig sind auch Zeiten zum Weinen, zum Leiden, zum Trauern; an ihnen können wir wachsen; es ist allerdings hilfreich, wenn wir in solchen Zeiten nicht alleine sind.

Ich will lernen:
wahrnehmen,
was ich fühle,
was ich wünsche,
was mir gut tut,
was ich brauche.

Ich will lernen:
sagen,
was ich denke,
was ich fühle,
was ich wünsche,
was ich brauche.

Ich will lernen:
Worte suchen,
die die Sache treffen,
mir entsprechen,
dich nicht verletzen,
und weiterbringen.

Ich will lernen:
meinen Standpunkt
einnehmen,
Wege suchen,
Schritte wagen,
Antworten geben
meine Fragen stellen.

Wenn ich mich selbst nicht ernst nehme, nicht für mich einstehe, darf ich nicht erwarten, dass andere mich ernst nehmen. Wenn ich den andern zeige, wie es mir jetzt ist, was ich jetzt brauche, können sie sich auf mich einstellen. So können wir einen Weg finden, der allen Beteiligten bestmöglich entspricht.

Im Zusammenleben mit Kindern ist es besonders wichtig, dass wir spüren, wofür es jetzt Zeit ist. Wenn wir in ihrer Nähe wirklich gegenwärtig sind, ihnen ruhig zuschauen, aufmerksam zuhören, mit ihnen tun, was sie sich wünschen, lernen wir sie verstehen. Wir sehen, was ihnen entspricht, was sie interessiert, was sie brauchen, und wir staunen über ihre Fragen. Wir lernen, was wir ihnen zumuten dürfen, wie wir sie am besten fördern, damit sie sich selbst angemessen fordern.
Unsere Kinder brauchen uns; sie haben ein Recht auf uns. Wenn wir versuchen, in die Welt unserer Kinder einzutauchen, entdecken wir, was ihnen möglich ist, welches ihre nächsten Schritte sind, wann wir warten müssen und wann es richtig ist, behutsam zu helfen.

Du lässt mich Kind sein,
verlangst
nichts Endgültiges,
nichts Unverrückbares,
nichts Unabänderliches,
nichts Vollkommenes.

Du lässt mich Kind sein,
nimmst an, wenn ich
nicht weiter weiß,
Fehler mache,
zweifle,
unsinnig entscheide.

Du lässt mich Kind sein,
freust dich
an meinem Suchen,
an meinem Staunen,
an meiner Freude,
an meiner Sehnsucht zu wachsen.

Du lässt mich Kind sein,
du lässt mich wachsen,
du lässt mich sein.
Darum bist du mir so wichtig.

Vieles entwickelt sich nach geheimnisvollem Plan. Wir bemühen uns, diesen Plan zu verstehen und zugleich ehrfürchtig zu bleiben vor dem Wunder des Lebens.
So wichtig es ist, den richtigen Zeitpunkt zu finden für die Entfaltung unserer Anlagen und Möglichkeiten, ist es andererseits auch wichtig, unseren Mitmenschen zu sagen, was wir brauchen, damit sie uns helfen können. Wir verlangen zuviel von ihnen, wenn wir erwarten, dass sie merken, was wir jetzt nötig haben. Je mehr wir einander fördern, desto wertvoller werden wir füreinander.

Sich jetzt Zeit lassen

Kinder schwelgen weder in der Vergangenheit noch der Zukunft. Sie genießen die Gegenwart. Wir können von den Kindern lernen, die Gegenwart wieder zu genießen. Aus dem Neuen Testament kennen wir das Jesuswort: „Wenn ihr nicht werdet wie die Kinder, könnt ihr nicht ins Himmelreich kommen.“ Erich Kästner hat darauf aufmerksam gemacht, wie schwierig das ist, und gleichzeitig gesagt, was wir zumindest versuchen müssten: „Dass wir so werden wie die Kinder, ist nicht möglich; aber wir können versuchen zu verhindern, dass die Kinder so werden wie wir.“
Jetzt aufmerksam sein, jetzt wahrnehmen, was ist, jetzt einsetzen, was ich habe. Diesen Moment nutzen, ihn so gestalten, dass ich mich daran freuen kann.
Meister Eckhart erzählt folgende kleine Geschichte: „Ein Weiser wurde gefragt, welches die wichtigste Stunde sei, die der Mensch erlebt, welches der bedeutendste Mensch, der ihm begegnet, und welches das notwendigste Werk sei. Die Antwort lautete: Die wichtigste Stunde ist immer die Gegenwart, der bedeutendste Mensch immer der, der dir gerade gegenübersteht, und das notwendigste Werk ist immer die Liebe.“

Es ist schwierig, ganz gegenwärtig zu sein. Es wird nicht gehen, ohne uns bewusst immer wieder zurückzuholen und uns ganz wahrzunehmen.

Jetzt und hier einfach ganz Mensch sein.
Jetzt und hier einfach sein,
ganz sein, Mensch sein,
ganz einfach Mensch sein.
Ich merke,
dass dies gar nicht so einfach ist.
Was bleibt mir anderes,
als es zu versuchen,
hier und jetzt?

„Ich brauche mehr Zeit.“ Wie oft lassen wir uns hetzen. Immer wieder geraten wir in Situationen, da wir in Eile etwas nicht gut durchdenken, Arbeiten nur ungenau machen, mit uns selbst nachher nicht zufrieden sind. Wir sorgen oft zuwenig dafür, dass die Bedingungen stimmen, obwohl wir wissen, wie wichtig dies wäre.

Ich will mein Leben lieben,
Sorge zu ihm tragen,
wahrnehmen, was ich brauche,
damit ich wachsen kann.

Ich will mein Leben lieben,
Sorge zu ihm tragen,
wahrnehmen, was mir gut tut,
mir selbst etwas zuliebe tun.

Ich will mein Leben lieben,
Sorge zu ihm tragen,
wahrnehmen, wo meine Grenzen sind,
mich nicht überfordern.

Ich will mein Leben lieben,
Sorge zu ihm tragen,
wahrnehmen, was mich bedroht
und mich davor schützen.

Ich will mein Leben lieben,
gegen alles kämpfen,
was meine Entfaltung erschwert
und sie stört.
Ich will ganz Mensch sein.

Wenn ich nur oberflächlich wahrnehme, meine Wahrnehmungen nicht überprüfe, bevor ich entscheide, kommt es zu Vorurteilen und Fehlurteilen. Damit tue ich möglicherweise andern unrecht.
Wichtig ist es, dass wir unsern Kindern genügend Zeit lassen. Es wäre einfacher, wenn im Unterricht alle gleich schnell arbeiten, gleich gut und gleich viel verstehen würden; für uns wäre es wünschenswert, wenn alle nach unserm Plan am Ziel ankämen. Doch das geht nicht, weil jedes Kind einzigartig ist. Trotzdem fordern wir immer wieder von allen dasselbe. Denken wir an den fragenden Lehrer. Er wartet in den meisten Fällen nicht, bis die Kinder nachgedacht haben; er erwartet, dass sie antworten, bevor sie haben denken können. Sobald sich jemand meldet, wird die Antwort gegeben und quittiert. Der Unterricht läuft weiter, ohne dass der Lehrer merkt, wie viele Schüler auf der Strecke bleiben. Diese Eile erzeugt Langeweile und Passivität. Der Lehrer setzt unter Druck, und die Kinder drücken sich! Sie widerstehen diesem Druck, weichen aus. Kinder, die beim Schuleintritt hochmotiviert waren, werden zu welken Pflanzen, die sich mühsam durch den Schulalltag schleppen. Vor einer Übertrittsprüfung habe ich meinen Kindern geschrieben:

Niemand darf von dir verlangen,
dass du etwas gibst,
das dir nicht entspricht;
dass du etwas kannst,
das deine Kräfte übersteigt;
dass du schneller arbeitest,
als dir möglich ist;
dass du etwas erreichst,
das dich überfordert.
An dir ist es zu geben, was du hast;
zu leisten, was du kannst,
einzusetzen, was dir möglich ist.
Wer sich einsetzt, bemüht,
sich fordert, Lösungen sucht,
begangene Wege überdenkt,
hat sein Ziel erreicht,
wo immer er ankommt.

Doch wir lassen oft auch Erwachsenen zuwenig Zeit. Warum trauen wir andern oft nicht zu, dass sie leisten, was sie leisten können, und geben, was sie geben können; warum gestehen wir ihnen nicht zu, dass sie ihrem Tempo entsprechend lernen und arbeiten? Wenn wir nicht am Menschen selbst Maß nehmen, sind wir maßlos. Wir alle können unsern Teil beitragen. Es hängt von uns ab, ob unsere Mitmenschen in unserer Gegenwart wachsen können oder ob wir Wachstum verhindern.

Ich verhindere Wachstum,
wenn ich dir zu wenig Zeit lasse,
dich zuviel oder falsch fordere,
dir im Wege stehe, dich an mir messe,
dauernd bewerte und beurteile,
Fortschritte nicht anerkenne.
Ich verhindere Wachstum,
wenn ich dich nicht sein lasse,
wie du bist,
wenn ich dich nicht tun lasse,
was dir entspricht;
wenn ich dir nicht helfe,
deinen eigenen Weg zu finden;
wenn ich dich nicht ermutige,
deinen Weg zu gehen.
Wenn ich Wachstum verhindere,
Entwicklung erschwere
– und wäre es aus Angst –,
zerstöre ich Möglichkeiten,
ehe sie geboren.

Haben oder sein?

Sicher kennen auch Sie Leute, die bei jeder Gelegenheit zeigen, dass ihr Terminkalender bis Ende des Jahres ausgebucht ist. Sie sagen das mit einem gewissen Stolz und erwarten, dass man sie bewundert, denn sie sind gefragte Leute. Man muss sich fragen, ob sich diese Leute für unersetzlich halten. Vielleicht brauchen sie es, dauernd Termine, ganz und gar ausgefüllte Tage zu haben. Ein angesehener Mann hat mir einmal gesagt: „Als ich mich mit meiner Frau nicht mehr verstand, hatte ich meinen Terminkalender immer voll.“ Dies ist eine Möglichkeit, die Probleme und die Partnerin zu umgehen; vielleicht auch eine Möglichkeit, vor sich selbst zu flüchten.

Wenn ich nicht beschäftigt bin,
wenn mich nichts mehr fordert,
wenn ich ruhig werde,
höre ich die Fragen:
Was soll das alles?
Was ist der Sinn deines Lebens?

Wenn ich nicht beschäftigt bin,
wenn mich nichts mehr fordert,
stellen sich diese Fragen:
kreisen mich ein, drohen mir,
quälen, würgen und lähmen mich.

Wenn ich nicht beschäftigt bin,
wenn mich nichts mehr fordert,
sehe ich,
was sinnlos ist,
was wirklich wichtig wäre,
was ich brauche,
wie ich Leben verhindere.

Wenn ich nicht beschäftigt bin,
wenn mich nichts mehr fordert,
stellen sich mir Fragen,
denen ich mich nicht stellen kann,
die mich überfordern.

Ich kenne Männer, die sehr viel arbeiten und vorgeben, alles für die Familie zu tun. Und tatsächlich beschenken sie ihre Frau mit teuerstem Schmuck und schönen Kleidern. Sie geben und schenken, was man sich nur denken kann, um sich selbst nicht hineingeben zu müssen. Wenn das der Partnerin zu wenig ist, obwohl sie so viel hat; wenn sie nicht mehr mag, weil sie ja keinen wirklichen Partner hat, stürzt die Welt zusammen.
Der Psychotherapeut Sigmund Freud hat einmal gesagt, der seelisch gesunde Mensch sei arbeits- und liebesfähig. Beides sollen wir pflegen, die Arbeit und die Beziehung. Wer in einer guten Beziehung lebt, kann besser arbeiten; wer eine sinnvolle Arbeit sinnvoll ausübt, wird mehr für die Beziehungen tun können.

In unserer Gesellschaft scheint es aber von besonderer Bedeutung zu sein, möglichst viel zu haben. Man muss viel leisten, um sich viel leisten zu können, und vergisst dabei das, was man zum Leben wirklich braucht und was das Leben lebenswert macht.

Ich will mich befreien
von Gewohnheiten,
die mich betäuben,
von Aufgaben,
die mich überfordern,
von Pflichten,
die mich einengen,
von Forderungen,
die mich bedrücken,
von Erwartungen,
die mich lähmen.

Ich will frei werden:
meine Möglichkeiten entfalten,
meine Fragen stellen,
meine Zweifel anmelden,
meinen Teil beitragen,
entscheiden und verantworten,
einfach sein.

Jeden Tag haben wir die Möglichkeit, unser Leben zu überdenken, uns neu auszurichten, damit uns Besitz nicht gefangen hält, damit wir immer mehr sein können, wie wir zutiefst sind.

Heute kann ein neuer Anfang sein,
wenn wir ruhig werden,
uns selbst zuhören,
wahrnehmen, was wir wünschen,
was wir brauchen,
was wichtig und wesentlich ist.
Heute kann ein neuer Anfang sein,
wenn wir aufeinander zugehen,
uns zeigen, wie wir sind:
stark und verletzlich;
wenn wir die Wünsche darlegen,
die Bedürfnisse anmelden,
zu den Grenzen stehen.

Heute wird ein neuer Anfang sein,
wenn wir an uns glauben,
uns ernst nehmen
und wachsen lassen,
was in uns angelegt ist.

Zeit nehmen

Es gibt Menschen, die nehmen sich für alles und alle Zeit. Sie finden immer Lücken im Terminkalender. Es ist erstaunlich, wie schnell sie sich auf neue Situationen einstellen; scheinbar immer geben und immer da sind. Andere staunen und fragen sich, wo sie ihre Grenzen haben. – Menschen können viel geben, wenn sie sich auch selbst nehmen, was sie brauchen.
Es wird erzählt: „Als der Meister einmal eine hochgestellte Persönlichkeit zur Meditation einlud, erhielt er die Antwort, er sei zu beschäftigt. Da sagte der Meister seinen Schülern: ‚Dieser Mann erinnert mich an einen Holzfäller, der Zeit und Kraft verschwendete, weil er mit einer stumpfen Axt arbeitete. Denn, so sagte der Mann erschöpft, er habe keine Zeit, die Schneide zu schärfen.' "
Ja, wir müssen immer wieder die Schneide schärfen. Das fängt damit an, dass wir uns Zeit nehmen für uns selbst.

Es liegt an mir.
Ich muss mir Zeit nehmen:
ruhig werden,
spüren, was in mir ist,
was mich bewegt, was mich
erschüttert, was ich brauche.

Es liegt an mir.
Ich muss mir Zeit nehmen:
ruhig werden,
sehen, was um mich ist,
was mich fordert, was mich fördert.

Es liegt an mir.
Ich muss für mich einstehen:
meine Fragen stellen,
meine Wünsche mitteilen,
meine Bedürfnisse anmelden,
meine Forderungen eingeben,
zu meinen Grenzen stehen.

Es liegt an mir.
Ich muss zu mir Sorge tragen:
sehen, dass es mir gut geht,
dass ich wachsen kann,
dass ich glücklich bin.

Wenn ich zu mir Sorge trage,
wenn du zu dir Sorge trägst,
werden wir frei füreinander,
bereit,
miteinander Neues zu schaffen.

Wir werden zu einem Sorgefall für andere, wenn wir nicht zu uns Sorge tragen. Viele laden sich zuviel auf, überfordern sich und belasten sich zu sehr. Sie merken kaum, wie gespannt und verspannt sie sind, tun deshalb auch nichts für die höchst notwendige Entspannung.

Es gibt verschiedene Möglichkeiten, im Alltag Kraft zu schöpfen. Jeder muss seinen Weg finden. Wer sich täglich mehrmals für einige Minuten zurückzieht, um sich selbst zu spüren, wird wahrnehmen, ob er sich überfordert. Wir fragen einander so oft: „Wie geht es dir?“ Fragen wir uns dies auch selbst und geben uns eine ehrliche Antwort.
Vielen fällt es schwer, zur Ruhe zu kommen. Wir müssen ausprobieren, was uns wann am ehesten entspricht. Hilft eine bestimmte Musik? Ist es gut, mich hinzulegen und meinen Atem bewusst wahrzunehmen? Gibt es ein Lieblingsplätzchen, an dem ich zu mir finde? Finde ich Ruhe beim Lesen eines Gedichts?
Wenn wir ganz ruhig werden, finden wir in uns auch wieder Kraft, um auf andere Menschen zuzugehen und Beziehungen zu knüpfen.

Dein Dasein heilt,
dein Zuhören fördert,
deine Worte befreien,
deine Fragen fordern heraus,
deine Antworten ermutigen,
deine Blicke wärmen,
deine Berührungen richten auf,
dein Sosein ermöglicht neues Leben.

Oft fällt es schwer, zu den eigenen Grenzen zu stehen, etwas abzugeben, andere machen zu lassen. Doch es geht nicht anders. Wer alles selbst machen will, opfert seine Freizeit; die Zeit, in der er wieder zu sich finden kann. Wer aber nicht mehr zu sich findet, verliert sich.
Manchen mag es eine Hilfe sein, gewisse Tage als „Freitage“ zu markieren, mindestens zwei oder drei Abende freizuhalten. Andere werden sich vornehmen, jede Woche auch etwas für ihren Körper zu tun.

Weniger tun,
weniger sagen,
Raum schaffen,
mir Zeit schenken,
sein, einfach sein, damit
werden kann, was angelegt ist.

Es ist wichtig, dass wir uns auch selbst etwas zuliebe tun. Wir wissen, was uns gut tut. Gönnen wir es uns. Wenn wir gut gestimmt sind, werden wir auch eine gute Stimmung verbreiten können; wenn wir uns stark fühlen, können wir andere bestärken; wenn wir uns wohl fühlen, werden wir eher Wohlwollen verbreiten können. Denken wir an das Hauptgebot, in dem ja steht, wir sollten andere so lieben, wie uns selbst.
Es ist unsere Zeit. Wir sind für sie verantwortlich. Wir dürfen sie nutzen, uns in dieser Zeit nutzen. Wir können in vielerlei Hinsicht selber entscheiden.

Vergehende Zeit

Heute ist der Anfang vom Rest unseres Lebens. Wir wissen es, denken oft aber nicht daran; verdrängen es. Und doch: Das Leben ist begrenzt. Wenn wir Menschen in ihrem Sterben begleiten, wird es uns wieder bewusster. Mir scheint, das Sterben eines Menschen fordere uns erneut zum Leben auf.
Wir wissen nicht, wieviel Tage oder Jahre uns noch geschenkt sind. Fortwährend werden wir überrascht von einem plötzlichen Todesfall. Es gilt, ganz zu leben, jederzeit bereit zu sein.
Jeden Tag als Geschenk annehmen; jeden Tag als Aufgabe und Chance sehen, dem Leben Sinn zu geben. Oft sind wir in Gefahr, der Vergangenheit nachzutrauern, auf die Zukunft zu warten und dabei zu vergessen, jetzt ganz zu leben. Wir halten fest und verhindern so Leben.

Loslassen,
geschehen lassen,
zulassen,
was mir entspricht.

Geduld haben,
nicht drängen wollen,
vertrauen, dass geschieht,
was mir entspricht.

Innehalten,
still werden,
ruhig sein,
und die Seele wachsen lassen.

Unsere Aufgabe ist es, gut zu leben; zu schauen, dass es uns und den Menschen um uns herum gut geht.

Ich will leben,
versuchen
zu sein,
damit durch mich
die Angst kleiner,
das Vertrauen größer,
die Freude strahlender,
die Liebe wärmer,
die Welt besser wird.

Wir könnten einander helfen, glücklich zu werden und glücklich zu sein. Offenbar ist das schwierig. Jeden Tag erfahren wir neu, dass Menschen einander das Leben schwer machen, dass sie zerstören und vernichten.
Gregor von Rezzori erzählt von einem Mann, der in Maghrebinien einen Friedhof ansieht. Er staunt, weil auf den Grabsteinen steht: drei Tage gelebt, zwanzig, vierzig, fünf Tage gelebt. Der Friedhofgärtner kommt, und der Wanderer fragt ihn, ob damals eine Krankheit gewütet habe. Der Friedhofgärtner verneint und

Ich will
neu anfangen,
über Bord werfen,
was Leben hemmt,
überwinden,
was Liebe erschwert,
niederreißen,
was uns einengt,
zerstören,
was uns ängstigt,
ja sagen zum Leben,
ganz sein.

sagt: „Wir zählen nur die Tage, an denen jemand wirklich glücklich war.“
Was stünde auf unserm Grabstein? Was können wir tun, um glücklich zu werden und glücklich zu sein? Wie können wir andern helfen? Es liegt an uns, die Zeit zu nutzen und sie so zu gestalten, dass sie uns entspricht. Wir sollten es nicht zulassen, dass unser Leben mit Unwichtigem verstellt, mit Unnötigem überfüllt wird. Wir sollten es dankbar annehmen, aus unserem Leben ein Fest machen und uns ausrichten nach dem, was letztlich wichtig ist.

Ich will nicht zulassen,
dass mich
Erfolge vorwärts hetzen,
Verpflichtungen behindern,

Gebote einengen,
Aufgaben ersticken,
Forderungen erdrücken.

Ich will nicht zulassen,
dass Erwartungen anderer
mich leiten,
Konzepte von Mitmenschen
mich festlegen,
Vorschläge mich irreführen.

Ich will wach sein,
Sorge tragen zu dem,
was in mir angelegt ist;
behutsam pflegen,
was in mir wächst;
stark werden für das,
was auf mich zukommt;
aus meinem Leben ein Fest machen
und mich ausrichten auf das,
was letztlich wichtig ist.

Die sieben Kapitel dieses Geschenkbuchs laden zum Verweilen im Alltag des Lebens ein. Sie fordern den Leser/die Leserin auf, sich auf seinen/ihren Umgang mit der Zeit zu besinnen, sich Zeit zu nehmen, Zeit zu lassen, intensiv leben zu lernen.

Max Feigenwinter, geboren 1943, ist Didaktiklehrer und Erwachsenenbildner, Leiter des Lehrerseminars Sargans (Schweiz) und Autor mehrerer Nachdenk-Bücher sowie pädagogischer und unterrichtspraktischer Fachbücher. Zahlreiche Veröffentlichungen im Verlag am Eschbach. Zur Zeit lieferbar: *Wurzeln spüren, Neues wagen – Texte, die Mut machen,* Eschbach/Markgräflerland 1999 (Bestell-Nr. 195).

Das Gedicht von Erich Fried „Du liebe Zeit"/ „Da habe ich einen gehört" (S. 6) drucken wir mit freundlicher Genehmigung des Verlags Klaus Wagenbach ab, aus: ders., Unverwundenes, Berlin, © 1988, NA 1995.

Der Abdruck des Textes von Kurt Tucholsky „Der zappelnde Nichtstuer" (S. 4) erfolgt mit freundlicher Genehmigung der Rowohlt Verlag GmbH, aus: ders., Gesammelte Werke in 10 Bänden. Herausgegeben von Mary Gerold-Tucholsky und Fritz J. Raddatz, Reinbek bei Hamburg 1960.

Die Fotos von Toni Schneiders, Lindau (= TS), und Ulrike Schneiders, Breitbrunn/Chiemsee (= US), sind von den Fotografen mit folgenden Bildbeischriften versehen: 1. Umschlagseite (US) „Farben für ein Birnengemälde", S. 7 (TS) „Rast", S. 11 (US) „Bonjour", S. 15 (TS) „Glocke – Landesteg in Schachen, Bodensee", S. 19 (US) „Geborgen in Blüten", S. 23 (TS) „Küste Jütland".

Bibliografische Information der Deutschen Bibliothek

Die Deutsche Bibliothek verzeichnet diese Publikation in der Deutschen Nationalbibliografie; detaillierte bibliografische Daten sind im Internet über http://dnb.ddb.de abrufbar.

ISBN 3-88671-272-9

Im Alten Rathaus/Hauptstr. 37
D-79427 Eschbach/Markgräflerland

Gestaltung: Ulli Wunsch, Wehr.
Reproduktionen:
Fa. Pensky, Karlsruhe/SRS, Muggensturm.
Herstellung: B&K Offsetdruck GmbH, Ottersweier.

Dieses Geschenkbuch ist – inhaltlich identisch – auch als Eschbacher Geschenkheft erschienen (ISBN 3-88671-265-6).